26 avril 1891
Sinceny

VENTE A SINCENY

(Par Chauny, Aisne)

PAR SUITE DE LIQUIDATION JUDICIAIRE

DES

ANCIENNES FAIENCES

DE SINCENY

COMPOSANT LA COLLECTION

DE

M. C. FOUQUET

Ancien Député
Ancien Membre du Conseil général
Fabricant de sucre à Sinceny

LE DIMANCHE 26 AVRIL 1891

à une heure précise

EXPOSITION PUBLIQUE

DU SAMEDI 18 AU SAMEDI 25 AVRIL 1891

De 1 heure à 5 heures.

HOMO ADDITUS NATURÆ
IMPRIMERIE DE L'ART

CATALOGUE

DES

FAIENCES ANCIENNES

DE

SINCENY

ET

D'AMIGNY-ROUY

Composant la Collection de

M. C. FOUQUET

Ancien député
Ancien membre du Conseil général
Fabricant de sucre à Sinceny

ET DONT LA VENTE AURA LIEU

Par suite de liquidation judiciaire

A SINCENY, près CHAUNY (Aisne)

Au domicile de M. FOUQUET

Le Dimanche 26 Avril 1891

à une heure précise

Par le ministère de Me **SURET**, huissier à Chauny

Assisté de **M. CHARLES MANNHEIM**, expert

7, rue Saint-Georges, à Paris.

EXPOSITION PUBLIQUE

Du Samedi 18 Avril au Samedi 25 Avril 1891

DE UNE HEURE A CINQ HEURES

CONDITIONS DE LA VENTE

La vente sera faite *expressément* au comptant.

Les acquéreurs payeront en sus des adjudications *dix pour cent*, applicables aux frais de la vente.

L'exposition mettant les acquéreurs à même de se rendre compte des objets vendus, aucune réclamation ne sera admise une fois l'adjudication prononcée.

Le présent Catalogue se trouve :

A Paris. . . . . . Chez M. MANNHEIM, 7, rue Saint-Georges.

A Chauny. . . . . Chez Me DESCAURE, agréé près le Tribunal de Commerce de Chauny (Aisne).

Et chez Me SURET, huissier.

A Sinceny . . . . Chez M. FOUQUET.

Départ de Paris : 8 h. 55 du matin.

Arrivée à Chauny : 11 h. 06.

Départ de Chauny pour Sinceny : 12 h. 11 et 12 h. 16.

Arrivée à Sinceny : 12 h. 19.

Départ de Sinceny : 5 h. 21 et 9 h. 11 du soir.

Départ de Chauny pour Paris : 6 h. 56 et 9 h. 21 du soir.

Paris. — Imp. de l'Art. E. MÉNARD et Cie, 41, rue de la Victoire.

Désignation des Objets

FAIENCES DE SINCENY

1 — Bannette oblongue et à pans, à deux anses, décor polychrome : paysage, style chinois, avec personnage, oiseaux et insectes. Marque ·S· deux fois répétée.

2 — Plat oblong à contours, décor polychrome : arbustes fleuris et quatre oiseaux. Marque ·S·

3 — Plat rond à contours, décor polychrome : arbustes fleuris, oiseaux et deux enfants chinois. (Même marque.)

4 — Plat oblong à contours, décor polychrome : paysage de style chinois, animé par cinq personnages. (Même marque.)

5 — Petit plat rond à contours, décor polychrome : arbustes fleuris, rochers et oiseaux. (Même marque.)

6 — Grand plat rond à contours, décor polychrome : au fond, rinceau, guirlande de fleurs et figures ; au marli, rinceaux, fleurettes et quadrillages verts. Le revers est émaillé brun.

7 — Plat rond à contours, décor polychrome : au fond, paysage au bord de la mer ; au marli, cartouche à quadrillages jaunes, rinceaux et fleurettes. Revers émaillé brun.

8 — Plat oblong à contours, décor polychrome : motif d'ornement rocaille, oiseaux et arbustes fleuris.

9 — Plat de même forme, décor polychrome : plantes aquatiques, arbustes, fleurs et oiseaux. Au revers, la marque ·S·

10 — Plat rond à contours, décor polychrome : arbustes fleuris et volatiles. Marque ·S·

11 — Petit plat ovale, à contours, décor polychrome : plantes aquatiques, arbustes fleuris, grenades, oiseaux et renard. Marque ·S·

12 — Petit plat ovale à contours, décor polychrome : branche fleurie au centre ; quadrillages verts et fleurettes au marli. Marque ·S·

13 — Plat oblong et à pans, décor polychrome, de style chinois : haie, arbustes fleuris, écureuil et oiseaux, Marque ·S·

14 — Plat de même forme, décor polychrome : arbustes fleuris et divinité chinoise montée sur une grue. Modèle rare. Marque ·S· deux fois répétée.

15 — Plat à barbe, décor polychrome : rocher, branches de fleurs, oiseau et inscription : *J. B. Capperon. 1763.*

16 — Petit plat oblong à contours, décor polychrome : deux Chinois pêchant, branches de fleurs, oiseau et insectes.

17 — Deux plats ovales, à contours, analogues au nº 12. Marque ·S·

18 — Plat ovale à contours, décor polychrome : trois personnages chinois, arbustes fleuris et oiseaux. Marque ·S·

19 — Assiette à bords festonnés, décor polychrome : deux Chinois dans une barque, plantes aquatiques, arbustes fleuris et oiseaux.

20 — Compotier octogone, décor polychrome : fleurs, oiseaux et éventail.

21 — Grand plat rond à bords festonnés, décor polychrome : au fond, branche de fleurs ; au marli, quadrillages verts, fleurettes et feuillages.

22 — Soupière oblongue et à contours, garnie de deux anses, décor polychrome : bordure à quadrillages verts et réserves de fleurs ; le couvercle, avec bouton formé d'une rosace, est décoré de branches fleuries.

23 — Plat à barbe, décor polychrome : au fond, un bouquet de fleurs ; au bord, quadrillages

rouges et ornements variés. Porte le nom d'Antoine Godard et la date de 1784.

24 — Soupière ronde à contours, à deux anses et couvercle à bouton en rosace, décor polychrome : deux rochers, branche d'œillets et grenade. Marque ·S·

25 — Pot à eau et cuvette, décor polychrome à bouquets de fleurs; la cuvette, oblongue, à pans et à deux anses, présente, à l'intérieur, un personnage chinois dans un char traîné par deux enfants.

26 — Cuvette ronde et profonde, décor polychrome à vase et guirlandes de fleurs au pourtour et présentant, au fond, un motif de ferronnerie en couleurs et deux figures d'enfants en manganèse.

27 — Cuvette de même forme, décor polychrome à fleurs.

28 — Pot cylindro-conique, décor de style chinois polychrome, à personnages, monuments et arbustes fleuris. Marque ·S·

29 — Grand pichet, décor polychrome à médaillons, paysage avec habitation encadré d'ornements rocaille et fond semé de bouquets de fleurs.

30 — Autre pichet à décor bleu : paysage, fleurs et ornements, et nom de Charles Roucelle, 1757.

31 — Autre pichet, à décor bleu : paysage de style chinois avec figures, ornements rocaille et fleurs. Il porte l'inscription : Louis Vermeil, anno Domini 1764.

32 — Grand pichet, à décor bleu : paysage et figure de tonnelier au travail. Il porte les noms d'Antoine Gayant, 1760.

33 — Pichet décoré d'un large bouquet de fleurs polychromes.

34 — Pichet couvert, décoré d'un paysage avec cours d'eau et figure de chasseur en costume Louis XV, accompagné de son chien.

35 — Grand pichet, décoré de bouquets de fleurs polychromes et portant les noms de Jean Chrisostome Maruy.

36 — Bouteille à panse sphérique, décorée de bouquets de fleurs polychromes.

37 — Petit pichet décoré d'un paysage en camaïeu bleu et deux branches fleuries polychromes. Il porte le nom de J. B. Bedeau, 1783.

38 — Pichet, décor polychrome à ornement rocaille, fruits, rocher, branches fleuries, oiseaux et insectes.

39 — Pichet décoré en bleu et filets noirs d'un paysage et de rinceaux. Il porte le nom de Pierre Berhamel, 1785.

40 — Petit pichet, décor polychrome : paysage avec maison en construction, oiseaux, insectes et branches fleuries.

41 — Grand pichet décoré d'une jetée de bouquets de fleurs polychromes.

*

42 — Cache-pot cylindrique, décor polychrome, de style chinois, à figure de cavalier, enfants, rocher et branches fleuries. Marque ·S·

43 — Deux pots-pourris couverts, percés de trous à leur partie supérieure et décorés d'ornements et de fleurettes en camaïeu bleu. Marque ·S·

Les boutons des couvercles manquent.

44 — Boîte cylindrique couverte, décor polychrome, de style chinois, à personnages, fleurs et attributs divers. Marque ·S·

45 — Saladier à quatre pans et à contours, décor polychrome à fleurs, papillons, oiseaux et ustensiles divers. Il porte les noms de Jean Darsonville, 1763.

46 — Pichet formé d'un personnage assis sur un tonneau et dont le vêtement est couvert de fleurs polychromes. Le tonneau porte le nom de Claude Brie.

47 — Bidet décoré de branches fleuries et d'un oiseau en couleur.

48 — Buste de saint Pierre, la poitrine enveloppée d'une draperie verte, et la base surmontée d'un coq en haut-relief, décoré en couleur.

49 — Bourdaloue décoré d'arbustes fleuris et de grenades en couleur. Marque ·S·

50 — Assiette à bords festonnés, décor polychrome : rocher, arbustes fleuris, oiseaux et insectes.

51 — Petite gourde décorée de branches de fleurs polychromes et portant le nom de : *Pierre Louis Bertrand. An 1775.*

52 — Bidet décoré d'un bouquet de fleurs au fond et de fleurettes au bord.

53 — Huilier modèle bateau avec récipient découpé à jour et décor polychrome. Il est accompagné de deux burettes modernes en faïence.

54 — Huilier analogue à celui qui précède, mais

de décors plus intenses. Celui-ci est accompagné de deux burettes en verre taillé et doré.

55 — Saladier rond à côtes, décor polychrome : au fond, sujet pastoral ; au pourtour, bouquet de fleurs.

56 — Huilier et ses burettes, décor polychrome, composé de branches d'œillets.

57 — Assiette à bords festonnés, décor polychrome : paysage style chinois à personnages.

58 — Écritoire de forme contournée, décorée de bouquets et de festons de fleurs polychromes.

59 — Saladier rond à côtes, décoré en couleurs d'un sujet champêtre, d'attributs de jardinage, de festons de fleurs et portant dans un cartouche : *1781. Claude Debrie.*

60 — Plat rond à contours, présentant un décor analogue.

61 — Autre plat de même décor, mais avec sujet différent au centre.

62 — Deux corbeilles ovales, émaillées jaune, avec fleurons rapportés décorés en bleu, portant au fond un bouquet de fleurs polychromes.

63 — Deux corbeilles analogues à celles qui précèdent.

64 — Poids d'horloge piriforme décoré d'oiseaux et d'arbustes en couleur.

65 — Deux assiettes à bords festonnés décorées au fond d'un groupe de deux personnages vus en buste dans un cartouche circulaire; au bord, galon et ornements en brun sur fond jaune.

66 — Plat rond, à bord festonné, présentant un décor analogue aux assiettes qui précèdent.

67 — Jardinière oblongue et à contours, décor polychrome, à festons de fleurs et sujets champêtres.

68 — Écuelle ronde couverte, à deux anses, décor polychrome à fleurs et insectes.

69 — Assiette à bords festonnés, décor polychrome. (Deux anges en adoration devant le Saint-Sacrement.)

70 — Assiette à bords festonnés, décor polychrome : sujet champêtre et bouquets de fleurs.

71 — Deux pots à eau couverts, décor bleu et rouille, à festons de fleurs et ornements ; l'un d'eux a des lambrequins à fond bleu.

72 — Boîte à épices de forme oblongue, décorée de branches de fleurs polychromes.

73-74 — Quatre bénitiers modèle rocaille, à décors polychromes variés.

75 — Jardinière-applique de forme cintrée avec galerie à balustres gaufrés dans la partie supérieure et à décor polychrome composé d'un sujet champêtre et de festons de fleurs.

76 — Assiette à bords festonnés, décor polychrome : au fond un groupe de deux figures dans un paysage et jetée de fleurs au marli.

77 — Assiette, décor polychrome : au fond, une figure de saint personnage et le nom au-dessous : *Ste Médarde* (*sic*).

78 — Écuelle ronde à deux anses et couvercle surmonté d'un fruit ; fond violacé marbré et réserves de paysages et de fleurs en camaïeu bleu ; au fond de l'écuelle : M. Benoite.

79 — Deux mules décorées de fleurs polychromes et de boucles simulées.

80 — Deux autres mules à hauts talons, décorées de branches fleuries polychromes.

81 — Tasse couverte et soucoupe, décor polychrome ; sur la tasse, cartouche rocaille renfermant un paysage en camaïeu bleu.

82 — Deux assiettes à bords festonnés avec

hachures bleues au marli et médaillon circulaire renfermant un paysage au fond.

83 — Saladier à côtes, décor polychrome; au fond, sujet champêtre à trois personnages et branches fleuries au pourtour.

84 — Petit cartel porte-montre, modèle rocaille, décor polychrome à fleurs et ornements.

85 — Petit modèle de château qui existait encore au XVIIIe siècle, aux environs de Chauny.

86 — Pot à eau, décor polychrome à fleurs et oiseaux. Il porte le nom : Claude Rémy Lavacherie, 1770.

87 — Ustensile en forme de fer à repasser; la partie plane, marbrée de vert sur fond jaune; la poignée réservée en terre.

88 — Crachoir décoré de fleurs et d'ornements en camaïeu bleu. Marque ·S·

89 — Autre crachoir décoré d'une couronne de fleurs et de feuillages polychromes. Marque ·S·

90 — Petite coupe ronde, décor en camaïeu bleu : paysage et ornements; au fond extérieur, un chiffre composé des lettres M. A.

91 — Jardinière-applique, de forme cintrée et à pans, décorée de branches fleuries en bleu et olive.

92 — Deux moutardiers couverts; l'un d'eux décoré de fleurs en bleu et rouille, l'autre avec plateau adhérent et décor en camaïeu vert avec personnage en couleur.

93 — Autre moutardier avec couvercle relié à la pièce à l'aide d'une monture en étain, décor polychrome composé de bouquets de fleurs.

94 — Assiette décorée d'un sujet champêtre et de fleurs polychromes.

95 — Compotier octogone, décor polychrome à fleurs et insectes au pourtour, et oiseau au centre.

96 — Assiette à bord festonné, décorée de bouquets de fleurs polychromes.

97 — Cuvette oblongue, décorée de fleurs polychromes et d'un large filet bleu.

98 — Tirelire en forme de vase, semée de fleurs polychromes.

99 — Assiette décorée de bouquets de fleurs polychromes.

100 — Deux soucoupes à décor bleu et rouille, fleurettes au centre et galon au bord.

101 — Assiette à bord festonné, décor polychrome : Enfant dans un paysage au fond, et trois branches fleuries au marli.

102 — Plat long à contours, décor polychrome : au fond, un trophée d'armes, et fleurs au marli.

103 — Fontaine-applique couverte, avec bassin, décor polychrome à fleurs et ornements rocaille; le fronton, à coquille, porte la date de 1769.

104 — Deux jardinières-appliques de forme oblongue et à contours, décor polychrome à festons de fleurs et figures champêtres.

105 — Horloge en fer avec cadran en faïence décoré de fleurs polychromes et présentant une fleur de lis en relief émaillée jaune. Date de 1771.

106 — Vingt assiettes, décors variés. (Ce lot sera divisé.)

FAIENCES D'AMIGNY-ROUY

107 — Grand pichet, décor polychrome à paysage et figure de Chinois, encadrés d'ornements rocaille et de fleurs. Il porte le nom d'Étienne Maillard.

108 — Pichet à décor polychrome de fleurs et d'ornements, portant dans une couronne de laurier le nom de Médard Delaittre.

109 — Pichet, décor polychrome à paysage et

ornements, et portant le nom de Jean-Baptiste Brochart.

110 — Pichet analogue, portant le nom de Bleuet.

111 — Autre pichet, portant le nom de Jean-Pierre Debrie, décoré d'un paysage avec instruments aratoires.

112 — Pichet, décor polychrome à ornements, fleurs et sujet champêtre. Il porte les noms de Quentin Blanc et Victoire, an 12.

113 — Autre pichet, décor polychrome : fond marbré et paysage, avec personnages en couleurs.

114 — Autre, analogue à celui qui précède, mais moins grand.

115 — Soupière ronde à deux anses, avec couvercle surmonté d'un fruit, décor polychrome à fleurs et oiseaux et feston de feuillages en camaïeu bleu.

116 — Saladier rond à côtes, décor polychrome à figure de paysan et fleurettes. Il porte les initiales E. G.

117 — Deux autres saladiers, à décors variés.

118 — Autre saladier, décor polychrome : figure de pèlerin et feston de fleurs. Il porte l'inscription suivante : Pierre Guene, 1793, l'an 2 de la République.

119 — Petit plat rond, décoré d'arbustes fleuris et d'oiseaux polychromes et de festons de feuillages en camaïeu bleu.

120 — Encrier de forme contournée, avec tiroirs et porte-bougies, relevé par un fronton à bouquets de fleurs en relief, décor polychrome à entrelacs de feuillages.

121 — Deux assiettes, décor polychrome à figures et guirlandes de fleurs.

122 — Petite gourde, décor polychrome à paysage et personnages.

123 — Deux soupières ovales, à décor de fleurs polychromes.

124 — Groupe à décor polychrome : poule et ses poussins.

FAIENCES DIVERSES

125 — Petit seau, à bords supérieurs dentelés, en ancienne faïence de Lorraine, décor polychrome à fleurs et armoiries surmontées d'une couronne de comte.

126 — Théière incomplète, décor polychrome à fleurs. Elle porte un chiffre composé des lettres F. P., ainsi que les initiales S. A. (Saint-Amand.)

127 — Écuelle à deux anses et couvercle surmonté d'un fruit, décorée de hachures carmin et de fleurettes polychromes. (Lorraine.)

128 — Fontaine-applique décorée d'arbustes et d'oiseaux en couleur. Le fronton se compose d'un oiseau et de roseaux. (Midi.)

129 — Soupière ronde à deux anses et couvercle surmonté d'un fruit; décor polychrome à fleurs. (Sinceny.)

130 — Bidet décoré de rinceaux fleuris et d'ornements en bleu et brun. (Rouen.)

131 — Théière cylindrique, décorée de festons de fleurs polychromes. (Lorraine.)

132 — Moutardier sur plateau adhérent, décoré de fleurs polychromes. (Strasbourg.)

133 — Petite console-applique, composée d'ornements rocaille, décor polychrome.

134 — Compotier rond, à côtes, décor bleu à rosace et fleurs et couronne de feuillages au bord.

135 — Statuette de Vierge debout portant l'Enfant Jésus, décor polychrome.

136 — Écritoire forme cœur, à décor bleu, ornements et feuillages.

137 — Grande tasse cylindro-conique, ornée de fleurs polychromes, portant à l'intérieur les lettres N. M. et la date 1776. (Sinceny.)

138 — Vase en forme de coquille à double valve, sur piédouche, avec poignée à sa partie supérieure et à double goulot, décor bleu de feuillages et mascarons. (Italie.)

139 — Deux petites tasses à déguster, décor de fleurs polychromes : l'une porte le nom de Désiré, et l'autre de Debrie. (Rouy.)

140 — Lot de carreaux en faïence émaillée, à décors variés. (Fabriques diverses.)

141 — Diverses pièces en faïence, variées de forme et de décor. (Seront vendues sous ce numéro.)

www.ingramcontent.com/pod-product-compliance
Ingram Content Group UK Ltd.
Pitfield, Milton Keynes, MK11 3LW, UK
UKHW020532180726
13839UKWH00005B/2464